SEJAMOS FELIZES

Sejamos Felizes

3-11-05-3.000-12.200

Direção editorial: **Flávio Machado**
Assistente editorial: **Dirce Yukie Yamamoto**
Chefe de arte: **Marcio da Silva Barreto**
Capa (criação): **Flávio Machado**
Diagramação: **Ricardo Brito**
Fotolito da capa: **Digigraphic**
Impressão: **Yangraf Gráfica e Editora Ltda.**

Ficha catalográfica elaborada por
Lucilene Bernardes Longo – CRB-8/2082

Carlos, Antônio (Espírito)
Sejamos felizes / mensagens do Espírito Antônio Carlos ; psicografado pela médium Vera Lúcia Marinzeck de Carvalho. – São Paulo : Petit, 2005.

ISBN 85-7253-131-9

1. Espiritismo 2. Psicografia 3. Mensagens 4. Felicidade I. Carvalho, Vera Lúcia Marinzeck de II. Título

CDD: 133.9

Impresso no Brasil, na primavera de 2005.

Prezado leitor(a),

Caso encontre neste livro alguma parte que acredita que vai interessar ou mesmo ajudar outras pessoas e decida distribuí-la por meio da internet ou outro meio, nunca deixe de mencionar a fonte, pois assim estará preservando os direitos do autor e conseqüentemente contribuindo para uma ótima divulgação do livro.

SEJAMOS FELIZES

Mensagens do Espírito
Antônio Carlos

Psicografado pela médium
Vera Lúcia Marinzeck de Carvalho

petit editora

Rua Atuaí, 383/389 – Vila Esperança/Penha
CEP 03646-000 – São Paulo – SP
Fone: (0xx11) 6684-6000
Endereço para correspondência:
Caixa Postal 67545 – Ag. Almeida Lima
03102-970 – São Paulo – SP

www.petit.com.br
petit@petit.com.br

Livros da médium
VERA LÚCIA MARINZECK DE CARVALHO

Da própria médium:

- *Conforto Espiritual*

Psicografados:

Com o Espírito Antônio Carlos

- *Reconciliação*
- *Cativos e Libertos*
- *Copos que Andam*
- *Filho Adotivo*
- *Reparando Erros de Vidas Passadas*
- *A Mansão da Pedra Torta*
- *Palco das Encarnações*
- *Histórias Maravilhosas da Espiritualidade*
- *Muitos São os Chamados*
- *Reflexos do Passado*
- *Aqueles que Amam*
- *O Diário de Luizinho* (infantil)
- *Novamente Juntos*
- *A Casa do Penhasco*
- *O Mistério do Sobrado*
- *O Último Jantar*
- *O Jardim das Rosas*
- *Morri! E Agora?*
- *O Sonâmbulo*
- *Sejamos Felizes*
- *O Céu Pode Esperar*

Com o Espírito Patrícia

- *Violetas na Janela*
- *Vivendo no Mundo dos Espíritos*
- *A Casa do Escritor*
- *O Vôo da Gaivota*

Com o Espírito Rosângela

- *Nós, os Jovens*
- *A Aventura de Rafael* (infantil)
- *Aborrecente, Não. Sou Adolescente!*
- *O Sonho de Patrícia* (infantil)
- *Ser ou Não Ser Adulto*
- *O Velho do Livro* (infantil)
- *O Difícil Caminho das Drogas*
- *Flores de Maria*

Com o Espírito Jussara

- *Cabocla*

Com espíritos diversos

- *Valeu a Pena!*
- *O que Encontrei do Outro Lado da Vida*
- *Deficiente Mental: Por que Fui Um?*

Livros em outros idiomas

- *Violets on the Window*
- *Violetas en la Ventana*
- *Reconciliación*
- *Deficiente Mental: ¿Por que Fui Uno?*
- *Viviendo en el Mundo de los Espíritus*

Sumário

Sejamos Felizes

Dizer que a vida encarnada é isenta de problemas é viver fora da realidade.

Sem otimismo exagerado, devemos resolver nossas dificuldades e não chorar por elas. Tudo de ruim que acontece conosco não é injusto. O que nos sucede deve ajudar em nosso desenvolvimento e, se o aceitarmos da maneira correta, aprenderemos a lição.

Devemos nos opor às nossas infelicidades com a força do nosso conhecimento e da razão, mudando o que pode ser mudado e aceitando com amor o que não podemos mudar.

Temos de evitar as queixas, principalmente sobre as doenças, pensar na saúde e desejá-la. Não devemos nos preocupar com o que poderá acontecer no futuro, se algo irá se concretizar ou não. Devemos substituir o egoísmo pelo altruísmo, pensar no bem do próximo e não em nosso próprio bem somente.

Devemos nos empenhar para não ficarmos tristes. Quando cedemos à tristeza e ao sofrimento, irradiamos melancolia.

Se ficarmos sempre alegres, irradiaremos alegria, que se estenderá a todos aqueles que de nós se aproximarem.

Precisamos estar em paz. A falta de paz traz uma perturbável inquietação que nos faz infelizes.

Nossa felicidade deve ser ativa no bem e repartida com os outros, para que possa assim ser multiplicada.

Deus quer que sejamos felizes e contribuamos para a felicidade de nossos irmãos, cultivando a alegria, espantando a tristeza. Ele quer que sintamos a alegria no bem realizado, na dor amenizada.

Sejamos felizes!

Virtudes

Uma flor só é perfeita por todos os seus pequenos detalhes. Uma pessoa caminha para a perfeição com todas as suas virtudes – virtudes que nos levam ao bem, que nos fazem bons.

Quando Jesus foi indagado por um jovem sobre o que deveria fazer para ganhar o céu, respondeu: "Guarda os mandamentos"[1]. Cumprir os mandamentos é importante. Quem falha em um deles honra a Deus com os lábios, não com o coração. Cumprindo-os estamos sendo virtuosos. Mas, se amarmos a todos, tornando-nos servos de Jesus, fazendo o bem, então teremos um tesouro espiritual.

No entanto, isso não é fácil. Devemos primeiramente reconhecer nossos erros e depois nos livrar deles, porque quem erra, mas não reconhece seu deslize, torna-se escravo do erro. Nossos erros mancham nosso

1 • Mateus, 19:17. (Nota do Editor)

perispírito[2] e, por nossas más tendências, somos usados por nossos irmãos (desencarnados) mal-intencionados. Agem esses nossos irmãos tentando-nos. Entretanto, somos livres para ceder ou não. Tentações teremos sempre, cabe a nós repeli-las, não aceitá-las. Vibremos no bem, adquirindo virtudes, aprendendo a amar com pureza, limpando nosso perispírito e, como a flor, caminhemos adquirindo perfeição. Seguir os exemplos de Jesus é o melhor caminho, façamos então a nossa parte.

---

2 • Perispírito: substância semimaterial que serve de primeiro envoltório ao espírito e liga a alma ao corpo. (N.E.)

Alimentar o espírito

Devemos alimentar nosso corpo, cuidar dele quando adoece. É nossa obrigação perante o Pai, que nos dá o corpo para vivermos encarnados na Terra.

E do espírito, devemos cuidar? Sanar suas doenças? Sim, naturalmente, devemos alimentá-lo com a humildade, com boas leituras, com o estudo edificante, com a benevolência para com todos, com a caridade desinteressada, tornando-o forte.

E as doenças do espírito? Os vícios, os defeitos, as maldades são doenças terríveis. Devemos tratar-nos com atenção. O corpo volta à natureza de onde veio, no final de nossa existência encarnada, é perecível. O espírito é eterno.

Devemos prestar atenção aos sintomas das doenças do espírito e, com coragem, optar por um tratamento sob a luz da sinceridade e da oração. O melhor remédio é a leitura do Evangelho e a busca da realização de seus ensinamentos.

Sábio é aquele que cuida do corpo como instrumento do espírito, dando, porém, maior importância ao espírito, que sobrevive na espiritualidade.

Fortaleçamos o espírito e não estaremos doentes.

Espírito são, corpo são.

Bem comum

Cada um de nós tem de enfrentar as dificuldades com coragem e o coração tranqüilo, resolvendo os muitos problemas sem deixar de ajudar ao próximo. No egoísmo, nenhum progresso é possível; pelo altruísmo e pela caridade, o progresso é seguro. Sempre que pensamos no bem comum mais que no nosso, estamos realizando um bem à humanidade.

Não podemos fazer distinção entre as espécies de serviços que se podem prestar, desde que sejam para o bem de outros e movida pelo ideal de servir e ajudar. Pode ser qualquer serviço, em que procuremos difundir o conhecimento do bem, para que nossos irmãos possam ser mais prudentes. Pode ser um serviço social, como a ajuda a carentes ou aos que sofrem, por meio de obras de auxílio.

Podemos ser úteis de inúmeras formas. Escolhamos uma ou várias, valorizando a vida, a nossa e a alheia, conforme nossas capacidades e oportunidades.

Não encontramos satisfação pessoal permanente com honras, riquezas, prazeres materiais, mas sim quando fazemos algo útil para nossos semelhantes.

Façamos com amor, sem cobrar nada em troca, nem agradecimentos, e sem querer ver os resultados, porque muitos dos beneficiados podem ser ingratos.

Ingratidão nenhuma deve nos atingir, porque devemos fazer a caridade sem esperar recompensas.

É sempre melhor dar que receber. Ao fazermos o bem propiciamo-nos a chance de sermos bons, e isso é o que deve importar. O maior beneficiado somos nós mesmos.

Comodismo

Tantas vezes deixamos de fazer algo por comodismo! O auxílio que adiamos por preguiça, o conselho que não damos, a visita que não fazemos por preferir os entretenimentos. E o bem que deixamos de fazer por estar chovendo, fazendo frio etc.? Nos omitimos no bem que também resultaria em nosso favor.

Até mesmo quando necessitamos nos acomodamos para receber: não vamos a um atendimento espiritual no centro espírita por estar calor, por haver outro programa melhor e mais confortável. Interrompemos o tratamento de passes por motivo fútil e ainda pedimos àqueles mais assíduos à casa espírita: "Peça por mim, hoje não posso ir". Às vezes, realmente, não dá para ir, mas quase sempre é o comodismo que fala mais alto.

Nós, conscientes de que devemos lutar e vencer os vícios, não devemos alimentar o comodismo nem em nós, nem nos outros.

Jesus disse: "Ajudai-vos e o Céu vos ajudará"[3]. Os que por comodismo nada fazem, será que são dignos de receber? E, muitos, além do comodismo, envergonham-se de ir a um centro espírita pedir e mandam outros pedir no seu lugar. Não queremos julgar, mas ao fazer o bem não devemos alimentar nenhum vício, muito menos o preconceito e a preguiça.

Devemos orientar essas pessoas e nos prevenir contra o comodismo que tantas vezes nos impede de fazer e, às vezes, até de receber o bem!

3 • *O Evangelho Segundo o Espiritismo*, Allan Kardec, Cap. 27, item 7. São Paulo: Petit Editora. (N.E.)

No verão da vida

"Convide Deus para estar com você no verão de sua vida, porque no inverno pode ser que Ele não venha."

Lindo e sábio pensamento oriental.

No verão da vida, na fase adulta, tendo saúde e disposição, façamos o bem. Temos tudo para ser útil. Embora tenhamos muitos afazeres, há sempre tempo para servirmos ao Pai. Na época do plantio, convidemos Deus e, unidos a Ele, plantemos o bem.

No inverno da vida, na velhice, já não dispondo do físico para ser útil, talvez queiramos a boa colheita que não plantamos ou necessitemos dela. Então, com o peso dos anos no físico, vamos querer Deus, mas pode ser que já não consigamos senti-Lo. Veremos que o tempo passou e que nada fizemos a nós mesmos e ao próximo. Há tantos irmãos na velhice, sustentados pelo Pai, que ainda servem como jovens! São os que não se recusaram a servi-Lo no verão.

Que consolo, que felicidade, servir por toda a vida encarnada: no inverno como na primavera, principalmente para aqueles que fazem por amor e não por obrigação.

Aquilo que temos de fazer, ou o que devemos fazer, façamo-lo agora, no presente. Sempre é tempo de fazermos o bem!

Oportunidades

Podemos sempre reparar nossos erros do passado com acertos do presente. Quando tomamos conhecimento de nossos erros, sabemos que não basta somente o arrependimento. É necessário repará-los. A reparação pode se dar de muitas formas. Às vezes, somente desculpas e perdão bastam, pois nenhum erro é imperdoável. Se o erro aconteceu, já ficou no passado, e não se pode mudar o passado. Não devemos, porém, persistir no erro, mas ir em busca da verdade que anula os erros. O trabalho edificante no bem é a melhor forma de repará-los, e sempre temos oportunidades para tal.

A mediunidade é uma das oportunidades que pode nos levar à reparação de nossos erros, assim como ao progresso espiritual, se usada para o bem. Tantos médiuns ativos no trabalho pensam que fazem o bem somente a outros, esquecendo que também o fazem a si mesmos. Muitos médiuns desprezam a graça dessa oportunidade e ignoram a mediunidade! Há, ainda, os que fazem uso dessa faculdade com o intuito de prejudicar seus irmãos, acumulando, com isso, ainda mais erros.

Podemos reparar nossos erros com trabalhos nos quais nos empenhemos, desinteressadamente, no bem. Podemos estudar e vivificar as lições evangélicas e conhecer a verdade que liberta. Atendamos, irmãos, às oportunidades a nós oferecidas.

Bem-querer

É gostoso amar e ser amado. O ser humano precisa do alimento "amor" para viver e ser feliz. Mas, como quase sempre acontece, sentimentos são deturpados e o amor, puro que deveria ser, passou a ser entendido de forma ambígua. Assim, muitas pessoas que dizem amar o fazem de maneira equivocada ou estão errando em nome do amor! São mães que não deixam seus filhos crescerem espiritualmente, não corrigindo suas falhas e satisfazendo todas as suas vontades, com a desculpa de amá-los demais. Há filhos que amam erradamente seus pais, achando que estes devem a eles todas as regalias sonhadas e os levam a sacrifícios até por aquilo que é supérfluo.

Algumas pessoas, julgando amar os pobres, fazem deles criaturas preguiçosas. Dar é bom, mas também devemos ter como objetivo transformar indivíduos em pessoas úteis e maravilhosas. Muitos jovens, homens e mulheres, confundem o amor com sexo. Muitos dirigentes de nações dizem amar seus compatriotas e fazem guerras pela "grandeza da nação", deixando seus irmãos na miséria.

Nosso querer-bem deve ser conduzido pela razão para que não prejudique aqueles que julgamos amar; e deve ser na medida certa, porque o excesso prejudica. Querer bem é fácil e difícil ao mesmo tempo, é só raciocinar e não cometer abusos em nome do amor. O sentimento e a razão devem estar sempre presentes em nossos atos. Sigamos os exemplos de Jesus e tenhamos sempre em mente os dois grandes mandamentos que o Mestre nos deixou: o primeiro, de amar a Deus de todo o coração, e o segundo, de amar o próximo como a nós mesmos.

A maior das tentações

A oração do Pai-Nosso, fonte de muitas meditações, a única que Jesus nos ensinou, fala-nos em um trecho: "Não nos deixeis cair em tentação"[4].

O Espiritismo nos ensina que podemos receber influências de espíritos

4 • Mateus, 6:9 a 13. (N.E.)

ignorantes, que tentam nos desviar do caminho do bem com tentações que quase sempre nos oferecem facilidades. E, na Terra, principalmente nos dias de hoje, as tentações encontram-se em toda parte.

Mas nossa maior tentação está em nós mesmos: são nossos próprios defeitos e tendências. E são eles também os mais difíceis de serem vencidos. Vitoriosos são aqueles que vencem a si mesmos, conhecem seus defeitos e se esforçam por combatê-los. Há recursos para os que querem vencer: oração, caridade, estudo do Evangelho e leitura dos livros espíritas, nos quais encontramos a consolação e o entendimento.

Há também necessidade de vigiarmos nossos pensamentos. Os bons pensamentos nos iluminam, enquanto os maus nos deixam à mercê de maus espíritos.

Oremos a prece que nosso Mestre maior nos deixou com fervor para que tenhamos sempre o propósito de melhorar, de vencer as tentações e as facilidades do mundo atual para que possamos crescer espiritualmente.

Construção

Qualquer construção, por maior que seja, foi feita pedra por pedra, tijolo por tijolo. Assim também é feito o trabalho espiritual, obra por obra. Se temos por objetivo executar um determinado trabalho, não desanimemos, vamos fazê-lo por etapas com alegria, pois todo trabalho, tal como numa construção, exige um tempo para ser concluído: na existência encarnada. É fazendo um pouco por vez que um dia a teremos realizada.

Não deixemos para depois iniciar ou continuar nosso trabalho. Não devemos adiar para o futuro o que podemos realizar agora. O tempo que cada um tem para viver encarnado só Deus sabe e, se podemos fazer no presente, façamos, porque não sabemos se teremos oportunidades no futuro. Ademais, não é fácil fazer um trabalho, ou a parte que nos cabe, em pouco tempo. Façamos, construamos todos os dias; contudo, sem ostentação, com simplicidade.

A obra feita é o tesouro que levaremos ao deixar o corpo físico para trás, porque são nossas obras que nos acompanharão. Nada é feito sem o trabalho e não devemos ficar parados, olhando o que o próximo faz. Façamos nossa parte, porque é de nossa obra que teremos de dar conta à espiritualidade.

O desapego

A riqueza é uma grande prova que muitos espíritos temem. Quem ama mais o mundo físico que o Reino dos Céus não é digno deste. Não devemos nos apegar aos bens materiais porque nada é nosso. Rico é o administrador do Pai. E o bom administrador é o justo, que administra para o bem do maior número de pessoas.

Tantas pessoas se julgam donas, desencarnam e não querem abandonar os objetos que julgam serem seus. Elas amam mais a matéria que o espírito.

Outros desejam possuir bens materiais, têm inveja, o que é tão perigoso como se julgar dono. Ambos são escravos: um do desejo de ter, o outro do que julga ter.

O homem deve ser livre de desejos, de vícios, do orgulho, do egoísmo, do apego aos bens materiais, para estar apto a viver no plano espiritual maior.

Devemos valorizar e administrar com sabedoria o que Deus nos confiou na existência encarnada. Seja no pouco ou no muito.

Desapegados da matéria, devemos dar valor ao que é eterno: a parte espiritual de nossa vida. Desapegados, somos livres para achar mais facilmente o caminho do Reino dos Céus.

Educando nossas crianças

Uma criança não tem os ossos e os músculos consolidados como um adulto, podendo, assim, submeter o corpo a posições incomuns. Se o corpo da criança é flexível, seu espírito nesse estágio também o é. Sua personalidade pode ser moldada com maior facilidade. Acerta-se a posição errada de uma planta quando ela é pequena, recém-brotada. A pequena criatura é como argila nas mãos de quem a educa. Os germes de qualidades boas ou más, provindos das encarnações anteriores, estão despertando para as atividades. É nosso dever despertar o germe do bem e contrapô-lo ao mal.

Pode-se até conseguir dos pequenos obediência, inspirando-lhes o medo. Entretanto, vão obedecer por serem obrigados a isso. Assim, de maneira inversa, devemos respeitar a criança e levá-la a compreender o que é melhor para seu próprio bem. O exemplo é o melhor ensinamento.

É de muita importância a afeição sincera do educador para com o educando. A criança deverá saber que desobedecendo ela fará sofrer a quem a estima.

Devemos educar nossas crianças no bem e na moral cristã, principalmente as que estão sob nossa responsabilidade. O conhecimento do Evangelho é de muita importância nessa educação.

Os ensinamentos espíritas são absorvidos com facilidade pelos pequeninos, porque a Doutrina Espírita amplia sua compreensão e os leva ao entendimento natural.

A criança que tem uma mudança de vida para melhor por meio da religião tem sua educação facilitada. Com o conhecimento moral, ela por si mesma evita o mal, buscando o bem.

Eduquemos nossas crianças!

O Espiritismo

O Espiritismo é fonte de muita sabedoria: dá explicações da vida encarnada e desencarnada, numa cartilha do bem-viver. Dá-nos a compreensão da bondade de Deus pela reencarnação e pela Lei de Causa e Efeito. O esclarecimento de tantas passagens do Evangelho nos ensina não somente como devem ser lidas, mas vividas. Ajuda no trabalho com a mediunidade, dando aos médiuns oportunidades de servir, reparando muitos erros do passado, educando-os para o doar-se ainda encarnados.

Somos donos de nossas obras, boas ou más. Mas os espíritas, os que vivem os ensinamentos da Doutrina, hão de convir que não devem continuar com os atos maus. Façamos o bem com amor, auxiliando, ajudando não somente com atitudes externas. E, quando auxiliarmos, não queiramos ver até que ponto ajudamos, nem esperemos as recompensas ou os resultados. Não devemos cobrar agradecimentos, nem um simples

"Obrigado!". Se o beneficiado nos virar as costas, oremos por ele, não o julguemos como nosso devedor. Esse irmão planta a ingratidão para si mesmo.

O Espiritismo nos ensina a viver o exemplo de Jesus, que nos recomenda esquecer o bem que fazemos e lembrar sempre do bem que recebemos.

Mediunidade

A mediunidade sempre existiu, e, apesar de o termo ser novo, já era conhecida na antiguidade por outras denominações. A Bíblia narra fenômenos de incorporações, visões, transporte e intuições. Os médiuns foram chamados por vários nomes; em certas épocas, eram respeitados; em outras, perseguidos.

Atualmente, época de mudança na Terra, a mediunidade é mais comum, conforme antecipou Jesus.

O Espiritismo veio facilitar a tarefa dos médiuns, dando-lhes orientação e ensinando-os a utilizar a mediunidade para seu próprio bem e para ajudar outras pessoas.

A mediunidade é como uma pedra preciosa bruta que necessita ser lapidada. Os médiuns necessitam transformar-se intimamente, trocar seus vícios por virtudes e buscar no estudo do Evangelho e nos outros livros de Allan Kardec os exemplos de como viver o dia-a-dia.

A mediunidade pode desabrochar no sofrimento.

Quase todos os médiuns têm uma história para contar, e a maioria se relaciona ao fato de terem vindo ao Espiritismo pela dor. Ao vermos uma pessoa sofrendo, em busca de ajuda num centro espírita, devemos orientá-la e orar para que se fortaleça na fé.

Como todos os dons, temos o livre-arbítrio de fazer uso da mediunidade para o bem, para o mal, ou ignorá-la, enterrando-a como o talento da parábola[5] que Jesus nos relatou.

Felizes os que trabalham com a mediunidade sob a orientação do

5 • *O Evangelho Segundo o Espiritismo*, Allan Kardec, Cap. 16, item 6. São Paulo: Petit Editora. (N.E.)

Espiritismo. Médiuns que trabalham no bem, agradeçam ao Pai pela graça e dêem de graça o que assim receberam.

Morte do corpo

A morte do corpo físico apavora muitas pessoas. Deixa sem consolo e desesperados os seguidores das muitas religiões que não dão uma idéia raciocinada sobre ela. É comum vermos pessoas chorarem e sofrerem com a morte de parentes e amigos. É freqüente escutarmos que aquele que se foi era necessário ao mundo e que lhes fará falta.

O Espiritismo, com discernimento, ensina-nos que a vida continua; que estamos encarnados temporariamente e que quem é amado é útil em qualquer lugar.

Nota-se muita diferença num enterro entre aqueles que têm essa crença e a entendem e os que não a têm. Os que não entendem exprimem medo e depressão; aqueles que crêem demonstram compreensão. Nós, espíritas, desejamos aos desencarnados paz e que se acostumem logo ao novo plano onde estão.

O entendimento que a Doutrina Espírita nos dá muda nossa atitude perante a morte do corpo. Ela não é o fim; é somente uma passagem desta vida à outra, mostrando como é enganoso o modo de pensar de muitos: que os desencarnados estão separados para sempre dos que ficam. Não há separação com a desencarnação, apenas há uma ausência física.

O Espiritismo ensina que não devemos de modo algum esquecer os desencarnados que amamos, mas que devemos ser cuidadosos ao pensar neles, porque as vibrações de desespero e sofrimento dos encarnados chegam àqueles que mudaram do plano físico para o espiritual afligindo-os. Devemos tomar uma atitude isenta de egoísmo, esforçando-nos para não deixar a dor da aparente separação nos entristecer ou desesperar. Não devemos nos lembrar deles com tristeza e sofrimento. Oremos desejando-lhes paz, harmonia e felicidade. Assim, estaremos ajudando os que nos são caros, os que deixaram o corpo carnal e continuam vivos!

Muito recebemos nas reuniões espíritas

Num centro espírita, aprendemos muito: pela leitura dos livros de Allan Kardec e dos bons textos, pelo estudo do Evangelho e pelas conversas edificantes. Palestras e estudos nos fazem adquirir conhecimentos.

Alerta-nos a Doutrina Espírita sobre a necessidade de evoluirmos, de crescermos espiritualmente, de nos modificar para melhor.

Esses encontros fraternos nos ajudam a fortalecer nossa fé e compreender o que oramos. Alertam-nos de que a vida continua, de que a desencarnação chega sem aviso e que nossos conhecimentos serão como a luz a auxiliar os nossos primeiros passos no além-túmulo.

Entretanto, também temos de contribuir. A Doutrina Espírita é maravilhosa e aprendemos muito nas casas espíritas. Devemos nos esforçar para pôr seus ensinamentos em prática em nosso dia-a-dia.

Muitos reconhecem tudo isso, mas é necessário compreendê-los e aceitá-los, não apenas admirá-los.

Vamos dar valor ao muito que temos recebido nas reuniões espíritas!

Reencarnação

Graças te dou, Pai Celeste, pela oportunidade da reencarnação, nesta escola terrena onde aprendemos a amar, a perdoar, onde podemos tirar lições de erros para acertos futuros... Porque, de existência em existência, de degrau em degrau, o progresso nos espera com bênçãos para que alcancemos a felicidade e a paz que tanto almejamos. Felizes daqueles que amam sem sofrer e abençoados os que sofrem e aprendem a amar...

Passando a auxiliar

Sempre é bom pararmos e meditarmos no que temos feito. Será que temos aproveitado todas as oportunidades de aprendizado? Será que fizemos todo o bem que poderíamos ter feito? Devemos todos os dias renovar nossos votos de melhoria, reafirmar nossa vontade de aprender, trabalhar e fazer o bem.

Espíritas, nossa Doutrina é baseada na fraternidade, nos ensinos de Jesus: "amar o próximo como a si mesmo; fazer aos outros o que gostaríamos que fizessem por nós"[6]. A caridade é nossa meta, a caridade para com todos: com os desencarnados que, famintos de amor e tomados por desenganos, vão aos centros espíritas em busca de auxílio à procura da caridade dos médiuns para receberem orientação, e para com nossos irmãos encarnados que se perdem nas ilusões da matéria e tantos erros cometem, doentes do corpo e necessitados de orientação e carinho.

6 • *O Evangelho Segundo o Espiritismo*, Allan Kardec, Cap. 11, item 4. São Paulo: Petit Editora. (N.E.)

Devemos aproveitar esta encarnação e passar a doar, tornando-nos servos do Pai nesta grande seara que é a Terra. Em tudo o que fizermos, devemos fixar nossos pensamentos para fazer com boa vontade e com perfeição. E em todos os aspectos da vida, principalmente nos trabalhos espíritas, que façamos como se estivéssemos na presença de Jesus, como se ele avaliasse nossos atos.

Sejamos úteis, auxiliando a todos e a nós mesmos, sendo um servo a quem o Pai possa confiar tarefas, porque ele sabe que somos capazes de realizá-las.

Servos

"Aquele que quiser ser o primeiro dentre vós, seja o servo de todos"[7] – palavras de Jesus a seus discípulos. Várias vezes Jesus falou sobre a necessidade de servir, de ser servo do Pai. Ele mesmo disse: "Desse modo, o Filho do Homem

7 • Marcos, 10:44. (N.E.)

não veio para ser servido, mas para servir"[8].

Quem quer ser servido não tem ainda a responsabilidade, o amadurecimento espiritual, é um mendigo, um necessitado. Cabe a cada um de nós caminhar, crescer e se tornar um auxiliar, ao invés de permanecer como alguém que sempre precisa de auxílio.

Aproveitemos esta oportunidade, nesta encarnação, e passemos a servir, trabalhar por amor ao bem. Vamos nos tornar servos da grande seara, ensinando, evangelizando, ajudando espiritualmente. São muitas as formas de trabalho; adaptemo-nos àquela na qual possamos ser mais úteis.

8 • Mateus, 20:28. (N.E.)

Com certeza, dificuldades aparecerão; mas com firmeza, vontade e perseverança iremos vencê-las. Com firme propósito conseguiremos. A espiritualidade não aceita desculpas do comodismo, da indiferença, do descaso. Passemos a servir, sejamos servos!

Uma história

Era uma vez um rei que se considerava justo, desencarnou e foi para o umbral.

Sofrendo, inconformado, clamou por justiça. Seus rogos foram ouvidos, e um servidor do bem que ali trabalhava foi ouvi-lo.

– Caro benfeitor – disse o rei – estou sendo injustiçado. Não mereço sofrer aqui. Não fui mau, não matei ou roubei. Fui, dentro das minhas possibilidades, um bom rei.

– Ninguém está sendo injusto com você. Veio ter aqui por seus próprios atos. No seu reinado houve muitos crimes, abusos e maldades.– respondeu o bom espírito.

– Não fui eu! – disse o rei indignado.

– Deixou que outros fizessem e até em seu nome. Muitos erros você ignorou porque era mais cômodo fazê-lo; de outros você tinha conhecimento, mas calou-se, consentiu. Quem negligencia na autoridade erra junto.

O rei calou-se e voltou a seu canto. Necessitava pensar, reconhecer suas falhas e arrepender-se.

Devemos usar da autoridade a nós concedida com responsabilidade e justiça e não deixar que subordinados errem em nosso nome. Se o permitirmos, poderemos defrontar-nos com o sofrimento tal como ocorreu ao rei de nossa pequena história.

Vícios

Muitas coisas que deveríamos fazer agora, no presente, deixamos para depois, para amanhã, para o ano que vem... Deixamos para depois o que deveríamos fazer neste instante. Não podemos saber o que nos reserva o amanhã. Estaremos encarnados?

Nós, espíritas, entendemos que devemos nos libertar dos vícios.

Vícios nos prendem, fazem de nós escravos. Temos de vencê-los para sermos livres.

Não nos referimos somente aos vícios da alma, como falar muito, ser preguiçoso, pessimista, maledicente etc., mas também ao vício de fumar, de beber, de comer em excesso etc.

Sabemos que se não nos esforçarmos para deixar o vício, estaremos presos a ele, tanto encarnados como desencarnados. Sabemos também que esses vícios fazem mal ao corpo e que é de nossa responsabilidade cuidar da vestimenta do espírito. Se danificarmos o corpo por nossa vontade, por vícios, sofreremos as conseqüências.

Se desencarnarmos viciados, sentiremos falta do cigarro, do álcool etc., e correremos o risco de não nos adaptar a um local de socorro por falta da droga e de voltar entre os encarnados e vampirizá-los para nos satisfazer.

Viciar é fácil; libertar exige perseverança, coragem, entendimento. Mas é possível, se firmarmos a vontade e nos harmonizarmos nas orações sinceras.

Se um dia, para nosso próprio bem, tivermos de nos libertar de nossos vícios, que seja agora!

Façamos o bem

Muitas vezes, ao sofrermos, podemos até pensar que estamos desamparados por Deus, pela espiritualidade.

Jesus foi condenado, torturado e assassinado. Será que seus amigos, parentes e discípulos não tiveram uma desilusão, não se sentiram desamparados? Foram entender a causa do sofrimento de Jesus tempos depois, quando o viram novamente a seu lado.

Tantas vezes questionamos nossos sofrimentos. Oremos para todos, vigiemos a nós mesmos. Meditando, encontraremos o entendimento. Nada acontece sem razão, sem que haja uma explicação. O Espiritismo, com seus ensinamentos, dá-nos a compreensão desses acontecimentos.

Sejamos fortes e confiantes diante dos sofrimentos, aprendamos a tirar lições da dor, que tão sabiamente nos alerta para a correção e nos impulsiona para o progresso.

Porque desiludidos, sentindo-nos desamparados diante da adversidade, paramos de fazer o que nos compete no bem, e isso é dar vitória às trevas. Tornar-se inerte é parar no caminho, é deixar de fazer. Quem pode fazer o bem, seja ele qual for, e não o faz, cria débitos. Deixar o talento enterrado por medo não é desculpa.

Que o sofrimento sirva para nos estimular; para que plantemos a melhor semente e produzamos os melhores e mais doces frutos.

Esquecemos nossas dores, quando amenizamos as dores alheias. Esquecemos nossos males, quando suavizamos as do próximo.

Devemos nos empenhar para sermos felizes. Pensando no bem do próximo, amparando-o, começaremos a nos sentir felizes e assim propiciaremos a felicidade.

A Doutrina Espírita: uma luz em nosso caminho

Atualmente, as idéias de Jesus são mais bem compreendidas e as pessoas que professam religiões cristãs não são tão perseguidas.

Entretanto, ainda hoje os espíritas sofrem críticas e preconceitos por parte de certas pessoas que não conhecem a Doutrina Espírita e seus ensinamentos puros baseados nos Evangelhos.

O Espiritismo veio para dar maior e melhor compreensão dos ensinos de Jesus, para levar-nos de volta à pureza dos primórdios do Cristianismo, iluminar o caminho a ser percorrido. Esses ensinamentos são setas que nos indicam um rumo, um caminho. O Espiritismo veio para nos levar ao aperfeiçoamento interior, para que alcancemos a realização, o progresso espiritual. Faz com que conheçamos a Verdade que nos libertará.

A Doutrina Espírita nos oferece ensinamentos para nos libertarmos da maldade, da ignorância, porque só livres seremos felizes.

O Messias esperado

O Messias era esperado, e ainda é, pelos judeus, para chefiar um povo. Há dois mil anos, os judeus dominados pelos romanos esperavam o Messias que os livraria do cativeiro. Pensavam na libertação material ou até em vitórias sobre outros povos, também seus irmãos.

Jesus veio para a libertação do espírito, para nos dar conhecimento da vida eterna, levando-nos a amar a Deus e a todos como irmãos.

Muitos ainda não entenderam seus ensinamentos e há os que até os distorcem de acordo com seus interesses.

Muitos esperam outros messias, santos, espíritos superiores que poderão encarnar na Terra para lhes facilitar sua vida material.

Poucos são os que conhecem ou aceitam os muitos missionários que estão entre nós – aqueles que oferecem a libertação, não das dificuldades e problemas materiais, mas a libertação do espírito. São os que revivem com pureza e simplicidade os ensinos do Mestre nazareno.

Muitos são os cativos dos vícios, da ignorância, que ainda não receberam, ou não quiseram, os esclarecimentos verdadeiros de Jesus.

A Doutrina Espírita nos faz compreender os ensinamentos morais de Jesus de forma clara, raciocinada, levando-nos a mudanças na forma de viver e de pensar.

Quando conhecermos a Verdade, ela nos tornará livres.

Esquecimento do passado

Muitas pessoas não crêem na reencarnação porque não recordam suas existências passadas. Não entendem que o esquecimento é refrigério para os que sofrem. Tantos irmãos voltam pela desencarnação ao plano espiritual em grande sofrimento...

a dor do remorso não dá sossego e a culpa martela sua consciência a todo instante. Outros se desesperam de ver seus entes queridos sofrerem sem nada poder fazer. Pedem para esquecer... Voltando à carne para progredir, em geral não se consegue o equilíbrio estando-se ciente do passado.

Muitos, porém, recordam suas encarnações passadas e, quando não se tem uma maior compreensão sobre isso, essas lembranças podem desarmonizar sua existência atual, trazendo muitos transtornos. Há os espiritualmente maduros que recordam, e isso os faz entender melhor o momento presente.

Nossa preocupação não deve ser com o passado, este não podemos alterar. Muitas oportunidades tivemos, e teremos, de encarnar.

Devemos, sim, construir agora. É necessário querer progredir e fazê-lo hoje, porque seremos no futuro o que construirmos agora. É necessário parar, pensar e assimilar o que aprendemos e passar a empregar esses conhecimentos em nossa vida. Não basta dizer que os ensinamentos espíritas são verdadeiros e belos. É preciso realizar com fidelidade o que a Doutrina nos tem ensinado não nos importando com o passado, porque dele só devemos recordar as lições valiosas e meditar sobre o bem que deixamos de fazer.

Tantas vezes temos recusado o convite do Pai; aproveitemos que temos agora o Espiritismo a nos convidar a participar do banquete nupcial[9] e nos esforcemos para ser os escolhidos.

9 • Mateus, 22:1 a 14. (N.E.)

Reino de Deus

O Reino de Deus está dentro de nós. Como podemos querer riqueza maior? Muitos insensatos esquecem tal riqueza e visam somente aos bens materiais, perecíveis e passageiros.

Tudo o que é da matéria deve servir à matéria. Não é errado querer uma existência digna e confortável. O errado é querer sempre mais e dar mais valor à matéria, esquecendo-nos da parte espiritual.

O desejo de posses é quase sempre o começo das desavenças. Desavenças transformam-se em ódio, guerra. Um ofende, outro revida e todos esquecem o ensinamento de Jesus que recomenda perdoar e esquecer. Quem não perdoa sofre. Quem não pede perdão com sinceridade sofre ainda mais. Quando não há perdão, o ódio se fortalece e muitas obsessões têm início. A vingança liga as pessoas em sofrimento, porque quase sempre um ofende e o outro não perdoa.

A misericórdia nos ensina a perdoar e tudo fazer para não precisar pedir perdão. Devemos agir com os outros como queremos que ajam conosco.

Quando entendemos que o Reino de Deus está em nós, não ofendemos por nada, compreendemos todas as atitudes de nossos irmãos, amando o ofensor. Do mesmo modo, se estamos cientes da presença de Deus no próximo, não ofendemos.

Pensemos, amigos, que a vida continua, não achemos que somos sobreviventes à morte do corpo físico. Raciocinemos e passemos a dar valor àquilo que é verdadeiro, aos espíritos, aos ensinos de Jesus, à Doutrina Espírita que nos faz compreender a Vida. Amemos Deus em nós e em todos.

História de mãe

Maria começou assim sua história:

"Ao vermos um órfão abandonado, doente, devemos entender a bondade de Deus. Na minha última encarnação, tive um filho, que criei com todo o amor de mãe. Meu marido e eu éramos trabalhadores, possuíamos uma bonita fazenda. Fiquei viúva, passei a me dedicar ainda mais ao meu filho, que logo mostrou-se rebelde, agressivo. Ele casou-se com uma boa moça, vieram meus netos. Meu filho começou a beber, a farrear, a gastar nossa herança. Chamei sua atenção muitas vezes e comecei a negar dinheiro. Ele, então, envenenou-me.

Para os que ficaram, morri de um ataque do coração. Meu filho chorou no enterro. A vida continuou: ele entre farras e eu no plano espiritual. Tentei recuperá-lo. Em vão. Desencarnou e foi atraído para o umbral, onde sofreu por anos. Veio o remorso, em aflição sentiu seu crime. Rogou perdão e socorro, pude ajudá-lo. Nos meus braços, chorou amargurado, o remorso o corroía. Teve a reencarnação por bênção. Esqueceu de tudo. Hoje vive num orfanato, foi abandonado. No passado, teve lar, pais, não deu valor. Agora necessita aprender. Sofre ataques que lembram a morte por envenenamento.

Não o abandonei, vou sempre visitá-lo, abraço-o incentivando-o a ter paciência. É resignado. Agora, encarnado, sofre bem menos que desencarnado, quando o remorso o atormentava.

Sou grata a quem cuida dele. Peço sempre aos bondosos corações misericórdia para os que sofrem. Sou grata ao Pai que por sua bondade dá sempre novas oportunidades e não condena seus filhos ao castigo eterno."

Nós, irmãos, devemos ser sempre solidários aos que aprendem pela dor, mas, como exemplo, não desprezemos a oportunidade de aprender pelo amor.

Preparação para a Faculdade do Espírito

Quando um estudante quer entrar na faculdade, presta um exame para demonstrar que está apto. Entretanto, não são pedidos os nomes das escolas que cursou.

A Terra nos proporciona um grande aprendizado. Aqui, seus alunos, exercendo o livre-arbítrio, estudam ou não. Os estudiosos cursam uma ou diversas escolas, que, por assim dizer, são as diversas religiões existentes.

Entre os que não querem aprender estão os pseudo-religiosos, os que dizem ter certa seita. Mas longe estão de seguir os ensinos da religião que têm por rótulo.

Quase todas as religiões da Terra, cristãs ou não, visam ao bem e ensinam a evitar o mal, incentivando a melhora interior.

Quando o estudante da Terra estiver pronto para cursar a Faculdade do Espírito, não lhe será indagado sobre a religião que freqüentou no aprendizado terrestre.

Preparemo-nos, portanto, irmãos. Nós, que pela oportunidade estamos encarnados, queremos estudar e conhecer a Doutrina Espírita. O Espiritismo nos dá muita compreensão e oportunidade de aprender. É uma escola que prepara seus estudiosos de boa vontade para fazer o exame. E, quando chegar a hora, estaremos aptos a ingressar na Faculdade do Espírito.

Um jardim muito especial

Todos nós gostamos de ver canteiros floridos, bem cuidados. Ficamos tristes quando vemos um jardim onde a erva daninha sufoca as poucas flores e folhagens.

Comparemos a alma humana com um terreno. Cada um faz pelo livre-arbítrio o que quiser desse espaço.

Uns "acordados" pelo Evangelho, pela vontade de melhorar, vão com trabalho e fé limpando o terreno dos vícios daninhos e plantando as flores das virtudes. Não se pode descuidar, pois as ervas daninhas voltam. O trabalho é diário, permanente, e as virtudes devem ser alimentadas e replantadas pela caridade. Devemos vigiar os pensamentos, orar com sinceridade e regar essas flores com leituras edificantes da literatura espírita e com o estudo do Evangelho.

Os médiuns, comparo-os com um jardineiro: o descuidado deixa as ervas daninhas da vaidade e da preguiça crescerem, até que sufoquem as flores, e, assim, ouvirá do

Pai: *Que faz, filho ocioso, pela sua jardinagem?*

Assim como o jardim, a mediunidade necessita de cuidados, trabalho, estudos para que possa florir, perfumar, servir de exemplo.

Tanto o jardim que embeleza, quanto a mediunidade que é útil são maravilhas que encantam e que refletem a evolução de seu dono pelo trabalho e empenho dedicados.

O jovem rico

Quando um jovem rico indagou a Jesus o que seria necessário para alcançar a vida eterna, Jesus respondeu-lhe: "Guarda os mandamentos".

O mancebo respondeu que os seguia desde sua tenra idade, e Jesus completou: "Se queres ser perfeito, vai, vende o que possuis e dá aos pobres e terás um tesouro nos céus"[10]. O mancebo voltou para casa triste. Não teve coragem de renunciar às facilidades da vida material.

Necessitamos de coragem para trocar as facilidades materiais pelas riquezas espirituais.

No nosso dia-a-dia, defrontamo-nos com a escolha. Ir ao centro espírita hoje para aprender ou ver a novela da televisão? Visitar um doente ou ir ao clube?

Os encarnados necessitam do trabalho material para sobreviver, têm o lar e a família, a responsabilidade de cada dia. Será que não terão tempo

10 • Mateus, 19:21. (N.E.)

para tudo, se se organizarem? Tempo para o lazer indispensável ao corpo, mas também para dedicar-se à outra parte, a mais importante, ao espírito.

As facilidades das riquezas materiais são tentadoras, porém passageiras. As riquezas verdadeiras que adquirimos na vivência do bem, no estudo do Evangelho e da Doutrina Espírita, que estão nas Obras Básicas de Allan Kardec, acompanham-nos após a morte do corpo.

Felizes os corajosos que renunciam, mesmo que por poucas horas na semana, aos prazeres da matéria pelo trabalho espiritual, que é o tesouro que encontrarão um dia no plano espiritual.

Romances de
Antônio Carlos

Psicografados por Vera Lúcia Marinzeck de Carvalho

Morri! E agora?
Diversos espíritos descrevem sua passagem para o outro lado da vida. Morri! E agora? Onde estou? Na realidade, a maioria dos encarnados não se preocupa com essa inevitável transferência de plano – motivo pelo qual o Espírito Antônio Carlos reuniu tão expressivos depoimentos.

Filho adotivo
Dois irmãos são dados para adoção ainda crianças. Já adultos, voltam a se encontrar e começam a namorar. Como a espiritualidade os ajudará? Não deixe de conhecer essa história repleta de surpresas.

Muitos são os chamados
Marcos, jovem médico recém-formado, vê em sua profissão apenas um meio de ganhar dinheiro e ignora totalmente os apelos da espiritualidade na ajuda aos mais necessitados. Mas, um dia, perceberá seu erro...

Reconciliação
Narrativa esclarecedora e envolvente. Tudo começa com um duplo assassinato, o pai matando a facadas o filho e a própria esposa. Depois, uma lição maravilhosa de perdão e reconciliação. Se você gosta de um belo romance, não pode deixar de ler este livro.

Reparando erros de vidas passadas
Conheça a história de dois médicos que em encarnações passadas fizeram experiências científicas com seres humanos e assumiram assim inúmeros débitos. Um livro fascinante!

Leia e recomende!

À venda nas boas livrarias espíritas e não-espíritas

Livros de Alceu Costa Filho

Na poeira dos séculos
Romance do Espírito Filipe

Um grupo de cristãos busca pelos desertos depoimentos e escritos a fim de registrarem para a posteridade as passagens da vida de Jesus entre nós.

Razões para um dia feliz
Uma conversa amiga com o Espírito Filipe

A verdadeira felicidade é um estado de espírito, conquistado por aquele que sente a vibração divina no coração, iluminando sua jornada terrestre.

O tempo de cada um
Ditado pelo Espírito Cornélio Pires

Por meio de uma história bem-humorada, Cornélio nos mostra os perigos que os dirigentes espíritas enfrentam ao se acomodarem.

Para vocês com saudade
Ditado pelo Espírito Filipe

Muitas das mensagens deste livro ainda não encontraram seus respectivos destinatários. Independente disso trazem ensinamentos preciosos e úteis.

Memórias da mediunidade
Ditado pelo Espírito Filipe

Filipe nos leva a conhecer vários casos de derrotas de trabalhadores das casas espíritas que negligenciaram o orai e vigiai.

Os valores e o tempo
Romance do Espírito Xisto Vinheiros

No turbilhão das vidas passadas, os espíritos benfeitores encontram explicações para os mistérios que envolvem aqueles que se reencontram na casa-grande...

O portal da consciência
Ditado pelo Espírito Filipe

A caravana de Filipe nos leva a conhecer o posto de socorro Portal da Consciência, onde os espíritos socorridos ficam frente a frente com a própria consciência.

Se você quiser conhecer todos os nossos títulos, e se interessar em receber um catálogo, sem compromisso, envie seus dados para Caixa Postal: 67545 – Ag. Almeida Lima – CEP 03102-970 – São Paulo - SP ou se preferir via e-mail: petit@petit.com.br

petit